제6회 시산맥창작기금 공모당선시집

코끼리와
행신동 맥도날드

달을쏘다 시선 *025*

제6회 시산맥창작기금 공모당선시집

코끼리와 행신동 맥도날드

달을쏘다 시선 025

1쇄 인쇄　2025년 10월 25일
1쇄 발행　2025년 11월 5일

지은이　이만영
펴낸이　문정영
펴낸곳　도서출판 달을쏘다
편집위원　이혜미 고선경
등록번호　제2019-000003호
등록일자　2019년 1월 10일
주소　03131 서울특별시 종로구 율곡로 6길 36. 월드오피스텔 1102호
전화　02-764-8722, 010-8894-8722
전자우편　dalssoo@hanmail.net

ISBN　979-11-92379-28-9 (03810) 종이책
ISBN　979-11-92379-29-6 (05810) 전자책

값 12,000원

· 이 책의 전부 또는 일부 내용을 재사용하려면 반드시 저작권자와 도서출판 달을쏘다의 동의를 받아야 합니다.

· 이 도서의 국립중앙도서관 출판시도서목록(CIP)은 서지정보유통지원시스템 홈페이지(http://seoji.nl.go.kr)와 국가자료공동목록시스템(http://www.nl.go.kr/kolisnet)에서 이용하실 수 있습니다.

· 저자의 의도에 따라 작품의 보조 동사와 합성 명사는 띄어쓰기가 달라질 수 있습니다.

· 본문 페이지에서 한 연이 첫 번째 행에서 시작될 때에는 〈 표기를 합니다.

· 이 시집은 교보문고와 연계하여 전자책으로도 발간되었습니다.

코끼리와
행신동 맥도날드

이만영 시집

시인의 말

코끼리가 말했다

늘 따라다니느라 힘들지만
길을 잃어버릴 일 없어 좋다고

내가 코끼리 코에 대고 말했다
늘 같이 하니까 네가 그림자처럼

믿음직스럽다고

함께 휘파람 불거나 구름 불러 놀아도 되니까
좋을 것 같지 않니

너는 나의 코를 잡는다

2025, 늦가을 이만영

■ 차 례

1부 '나중'이라는 소스

창밖의 거짓말	12
누드	14
상상구름임신	16
손바닥 안에 접힌 풍경	18
코끼리 코는 Co-Co	20
도슨트	22
청계천	24
행신동 맥도날드 1	26
행신동 맥도날드 2	28
은어	30
오븐 속에서 꺼낸 빵과 애인의 뺨	32
가끔은 아담	34
네가 컹하면 나도 컹하고	37

2부 시선의 무단 침입

루루에게 1	42
루루에게 2	44
저 여름을 다 건너야 한다	46
러브버그	48
야간비행	50
소파에 저녁을 묻고	52
여름 칸타타	54
나와 당신과 레인코트	56
여름방학	58
광화문광장	60
광화문광장	62
핫 크리스마스 여름	65
지난여름, 물렁물렁해진 거북 등처럼	68
프리즘	70

3부 새들이 가벼워지는 연습

김다영 약사가 웃는다 74
알베르게 76
즐거운 핑크 78
퇴직한씨의 아무 날 80
소파와 식빵과 쇼팽 82
블루라이트 84
롤리 롤리팝 86
시애틀 88
여우비 90
젠트리피케이션 92
만나요 그 아케이드에서 94
이미지 한 컷 96
애인과 소파 98

4부 짐승처럼 내리는 봄비

구름은 어떤 형태의 그림자를 원할까	102
유리병 속 과육이 익어가는 시간	104
인형의 집	106
봄비는 짐승처럼 내려요	108
창밖에 저수지가 보이고	110
천국	113
시월이 냄비에서 끓고 있다	114
팔월	116
카페 바하리야	118
전람회	120
아이스크림이 만든 웹툰	122
아메리카노	124

해설 코끼리 나라의 아이 라임 *Eye Rhyme*   127
       김영찬(시인)

1부

'나중'이라는 소스

창밖의 거짓말

비 오니까
네 생각난다고 쓴다

비 쏟아지니
우수수 솟아오르는 물고기의 뒷덜미

네 생각이 은빛 비늘처럼 돋아난다

창밖에 미끄러지는 비
유리창에 물고기를 그리고
너도 내 생각 하느냐고 지느러미처럼 물어본다

아니 묻지 않는다

나뭇잎 아래로 떨어지는 나무들
비를 움켜쥐었다가 바람 불 때 뿌려댄다

나뭇잎에서 싱그런 비 비린내가 난다고 말한다

아니, 모두 거짓말이라 해도 누가
나뭇잎을 나무라겠어

〈
이유도 없이 흠뻑 맞는
나무와 비와 바람이 만들어 낸 합작품

레몬처럼 쏟아내도
좋아, 좋아

흠뻑 젖어 온 세상 너덜너덜해져도 괜찮아
누구도 나무라지 않을 거야

아니, 모두 나무라겠지

상관없어
다 거짓말인데 뭐

밤새 비 내려
머리부터 뿌리까지 아가미에 젖는 네 생각뿐이야

갑자기 빗방울이
내 뒤통수를 세차게 후려친다

누드

애인한테서 수업 중이라는 문자 메시지가 온다

태풍주의보가 발령 중인데

누드모델을 초빙해서
작품 사진을 찍는 중이라고

과열된 수업 분위기
긴장된 누드모델 앞에서 수강생 중에 누군가가 실수로
퍽!
조명등을 쓰러뜨렸다

어둠을 깔고 터져나오는 비명소리

그 바람에 태풍은 예기치 않은 방향으로 진로를 바꾸고

기상 캐스터가 태풍의 눈을 짚어주는 그 사이
가로수가 강의실을 덮치고

애인은 그 상황에도 전시회 출품 사진을 위해
태풍의 중심부로 라도 뚫고 지나갈 태세

고화질 셔터만 눌러댈 것이다

나는 뒤집힐 것 같은 우산대를 잡고 바람 부는 쪽으로
몸을 꺾는다

평균대 위에서
균형을 잃은 곡예사처럼 휘청거리는 몸뚱이

창밖엔 누드모델이 발가벗고 흘려보낸 시간이
비에 젖어 둥둥 떠다니고

기상 캐스터가 퇴장하자 나는 넷플릭스로 채널을 돌린다

상상구름임신

모임 중
누군가가 레몬티를 쏟았다

저 아닙니다

제가 아니라니까요
새콤달콤을 거부한 자가 범인이라며
회원들은
얼음이 떠다니는 커피잔에 나를 밀어 넣는다

한겨울에
아이스아메리카노 동호회 플래카드가 펄럭거린다

장화를 괜히 신고 나왔어
비 그친 오후
얇게 저민 햇살이 깔창 밑에서 찌그덕 찌그덕

치과에 들러 12월 날씨를 스케일링이라도 해둘까
공중으로 튀어 오른 구름 조각들

세상에는

詩적인 것과 詩답지 않은 것들로 편을 갈라
나누어지고

바람 없는 허공에는 이해할 수 없는 명문장들이
일등급 구름을 타고 다닌다

바삭바삭한 헛소리만 소금 찍어 먹다가

선배!
햇살을 솜사탕에 묶어 구름처럼 부풀리면
칼라풀한 장면들이 잉태될까요

손바닥 안에 접힌 풍경

어제 마시던 물병을 쥐고 어제의 거리를 오늘 걷는다

물병 속에 던져진 오늘
어제의 손금은 오늘 어떤 무늬로 감정선이 바뀌고 있을까

오른손 태양의 언덕과 태양구에서 우는 풀벌레 소리
인조잔디 위에 뒹구는 나뭇잎들이
햇살에 밟힌다

하루란
금방 부서지고 금방 구겨지기 쉬운 구조물

잘 펴진 생각들만 골라 딛다가
내 손바닥 위 지능선 골짜기에 잠들어 있던 풍경이
운명선의 강물을 건너뛴다

구파발 쪽으로 달리다가
행신농 근처에서 동작을 멈춘

눈꺼풀 꺼진 북극곰의 표정으로 손 흔들어
저쪽 길로 걷는 연인들에게

〈
타로점 좀 보고 가라고 권한다
운명이 나를 꺼내 흔들다가

생각이 생각 밖으로 끌려나간다 생각의 운동장 건너
행신동 쪽으로

코끼리 코는 Co-Co

나는
코끼리 구름 공장의 알바생

코끼리하고는 상관없는 히비스커스의 꽃말을 좋아하지

내 주 업무는 떠도는 구름을 생포하는 일
하늘을 구석구석 뒤지고 다니지

코끼리들에게 줄 수 있는 최고의 선물은
눈부신 아침의 뭉게구름 한 조각이거나 외곽이 무뎌진
양털구름 한 접시

커다란 귀로 구름의 엉덩이를 철썩 때리고 지나가는
코끼리 코는
Co Co Co 핑크색이지

하지만 포충망이나 투망을 위한 그물조차 없는 코끼리들은
뒤처진 구름의 불행을 오려두거나 스크랩해서
콧등에 붙이고 다니지

나는 금방 생포한 핑크빛 높새구름 한 자락을

네게 안겨주고 싶어
허벅지에 올려놓으면 휘핑크림처럼 녹아내리는 시간이
분홍빛으로 흐를 거야

석양 무렵 구름이 버리고 간 메시지를 코끼리들은
뭐라고 해석해야 할까

바람에 뿌리 뽑힐 듯 쿡쿡 찔러대는
높새구름 같은 얘기들

Co Co,
코 고는 소리로 들리겠지

도슨트

소실점을 되찾기 위해

종이 위에 지워졌던 글씨들이 휘날리고
천장 위에 흩어진 스폿 라이트가 전시장 바닥에 깔리고

아이들은 전시장 그림 대신 진열대에 눈을 떼지 않는다
눈망울 초롱초롱한 아이들

분필을 쥔 선생님이

여기서 저 끝까지 선을 그어보렴
저기 눈보라 속에 꽃사슴이 지나가는 게 보이지 않니?

풍경 속으로 들어가는 방법을 귀띔한다

손가락으로 액자에 선을 긋자 간밤에 지워졌던 꿈들이
되살아난다

짝꿍과 나는
그림 속으로 들어가 숨는다
〈

보이지 않는 곳에 들어가 눈길을 줄 것
발자국 위 언덕의 소실점을 분명히 찍어 둘 것

낯선 구름이 낯선 구름끼리
잘 모르는 장소에 모여서 애매모호한 점박이가 되었다

청계천

우리는
맑은 물을 맑게 설계하는 명랑한 방랑자

비 내리는
청계천을 걷는 걸 좋아하지

헤엄치지 않는 잉어 떼를 지나
배오개다리를 건너는 왜가리 떼를 지나쳐서

빗소리를 건너면 새벽의 다리 위로 새벽이 밀려오는
행진 나팔 소리

아무도 없는데

손가락 사이로 자꾸
빠져나가는 냇물 소리와 빗소리 사이

은빛 지느러미를 얻기 위해서라면 기꺼이 항해하듯
헤엄이라도 쳐 볼까

수중전은 자신 없지만

지난여름에 숨겨 두었던 이끼 낀 돌멩이를 던져
물수제비라도 떠 볼까

애인은 안 오고
모르는 사람들만 웃으며 지나가고

지느러미도 없이
아가미도 없이 나는 여기서

행신동 맥도날드 1

누군가가 '왕국으로의 초대'라는 전단지를 손에 쥐어준다

저승이라는 후생의 문턱 앞에서 당신은 무엇을 어떻게
결정 지을 건가요

시답잖은 질문

죽어서 우린 어디에 모여 살 것인가

만일 우리 앞에 거대한 운석 덩어리가 떨어진다면
저 돌덩어리를 누가 치울 것인가

예기치 않은 정전에 오늘 아침 식사는 간단히
햄버거와 커피

빵과 패티 사이
등 굽은 새우 몇 마리와
까도 까도 끝없이 흰 살만 나오는 양파의 내면과
넙데데한 얼굴들

동창생 아들 결혼식에서 본 20년 만의 친구가 생각나서

수소문하니까 미국으로 이민 갔다는
이야기

눈 부릅뜨고 지켜본다
흐드러지게 꽃 피어날 천국의 아침을

행신동 맥도날드 2

봄을 모르는 사람끼리 모여서
봄도 모르는 아침을 먹는다

누군가
'여름'을 주문한다

누군가 아이스아메리카노 얼음을 깨물어 먹는다

머그컵 속의 시간은 노랗게 지글거리고
오븐에서 나온 아침은
부풀어 오른다

두 개의 풍경 사이에서 창밖을 지나는 구름은 마른침을
삼키고
옆 테이블에선 습관처럼 말풍선이 터진다

하얀 거품의 무인도에 상륙한
브런치 식탁

죽어 묻히게 될 8부 능선 아래에는 헛무덤이 보이고
그 아래 골짜기에는 등고선이 낮은 크루아상과

곁들여 소복 차림의 아이스크림

액정 속 창문을 걸어 잠근 '금방'이란 구름이 '나중'이라는 핫소스에 혀를 톡 쏘이고

은어

소문은 희다

심장은 미끄러운 은빛
타인의 입으로 둘러싸여 뛰놀고

나와 당신 사이에 뒤섞인 말들
네 개의 서로 다른 지느러미로 흐느적거린다

거대한 후일담이 담긴 수조 안에서
천천히 유영한다

영혼의 기포를 아가미에 물고 부표처럼 떠오르다가

눈빛만으로도 수압을 견딜 수 있는
수족관을 사러 다닌다

우리는 입을 서로 틀어막고
심해의 심층으로 깊이깊이 잠입해 들어간다
수압에 눌려 납작해진다

어항 속에서 과묵해진 입과

해저 20,000m 수중에서도 하느작거리는 지느러미

한번도 완주해 본 적 없는 완벽한 침묵에 이르는 길
목적지에 가 닿고 싶다
산호처럼
하얀 피부의 언어들만 모여 사는 곳에서

입을 가리고 웃는 당신

물결치는 당신의 여리고 얇은 혀 그리고
쓸쓸하지도 갑갑하지도 않은
우리는 수족관 네모에 완벽하게 갇혀 있다

오븐 속에서 꺼낸 빵과 애인의 뺨

1
세탁소와 패스트푸드점이 겹쳐 보일 때마다
새 애인이 생겼다

셀로판지가 바스락바스락 반짝이는 땀방울과 햄버거는 누가 더 납작해지는지. 하이파이브는 언제 할 건데. 틈과 틈새로 부딪히는 소리. 정전기 띤 하품 좀 그만 만지작거려. 솥뚜껑 같은 남자에게 수수깡처럼 마른 애인이 있고, 옷 보관실 옆에 딸린 놀이방 웃음소리. 축구공과 훌라후프를 양손에 쥐고 화창한 날씨를 주문하는 아이들. 신기하게도 기도처럼 들려. 떠나려던 애인의 발소리를 세탁기에 구겨 넣고 돌려볼까. 옆구리에 울음이 움찔거려

2
빵이 구워지는 오븐 옆 좌석. 저 냄새는 누구의 취향? 뒤뚱거리는 치킨 날씨엔 허벅지 살이 먹기는 좋은데. 내일은 빨리 늙어야지. 냄새의 뒤에 숨어야지. 가끔 태양과 달 사이 낀 지구는 햄버거를 연상케 해. 창밖 해안과 빙산과 도시가 살짝 익어 개기월식 패티가 될 거야. 하얗게 파먹는 달의 맛. 나는 조물주의 찬란한 문장이 될 거야. 체온이 향기로 전이되면 우리는 몇 광년 빵 냄새를 이어갈 수 있을까

3

셔츠와 햄버거가 겹치는 풍경 속으로 발그스름한 애인의 뺨이 무르익고. 들어와. 어서. 식탁 위에 놓인 아침을 베어 먹어야지. 안락한 아침의 조건이란 뭘까? 단추 대신 물방울을 떨구면 지난밤 악몽이 사라질까? 쨍그랑! 포크 밑으로 식탁이 굴러떨어지고 있어. 식탁 밑은 횡단보도보다 위험해. 훌라후프는 여전히 애인의 허리를 돌아가게 하는 원심력. 이젠 멈추고 싶어. 그런데

오늘밤 일기장엔 뭘 쓸 건데?

가끔은 아담

머리카락처럼 쭈뼛쭈뼛 자라나서 서성이는 나무들
미래라는 피조물이 태어나고 죽지

올해의 마지막 날
마무리되지 못한 표정은 내년으로 넘기고

유명한 사람이 유명을 달리하고 모르는 아이들이
모르게 태어난다

어느 순간 소음이 되어버린 것들 까맣게
달아나고 싶은 것들

한 장 남은 하루가 파닥거린다

내 별칭은 아담,
마음에 썩 드는 별명은 아니지만 고라니처럼 그냥
받아들이기로

사막 한가운데서 동력 끊긴 잠자리의 날개처럼
타인들과 소식을 끊고
혼자 파닥이고 싶을 때가 있어

〈

식당에서 혼밥을 먹을 때
식당 주인이 다가와 우리 회사 누구 아느냐며
말을 걸곤 하지

유튜브에 뛰어든 셀럽들
구독을 누르고 회원이 되어달라고 사정하지만

함부로 지인이 되어주고 싶지 않아

나무는 나무끼리 돌멩이는 돌멩이끼리 웃음은
웃음끼리
슬픔은 슬픔끼리

어울려 지내는 일이 더 큰 두려움이 될는지도 몰라

오늘 밤은 흐리고 때때로
남서풍
누군가가 불쑥 나를 찾아왔으면 좋겠어

신발을 벗고 숲에 누우면 누군가가 남동풍처럼

네 발로 다가와 눕지

이봐, 고라니!
내가 아직도 아담으로 보여?

네가 컹하면 나도 컹하고

너의 몫으로
내 품을 넉넉히 비워둘게

가끔 몇 시간씩 내 품을 떠날 때도 있지만

대체로 주인인 나를 존중하는 편
원래 그렇게 설계되어 있으니까

몽골에서는
선하게 자란 개가 죽어 사람으로 환생한다는데

너는 나보다 빠르게 늙고 나보다 먼저
떠날 테지만
원래 그렇게 계획되어 있으니까

어젯밤엔 너의 꿈속으로 들어가 너를 찾아다녔지
너의 잠은 얼마만큼의 깊이였을까
오늘 아침 기분은 어디까지 닿아 있을까

나는 개와 영원을 생각하고
너는 사람과 영혼을 생각하고

〈
공원을 걷다가
잃어버린 개를 찾는 전단을 본다

사람이 개를 떠나보내긴 쉽지 않았을 텐데
개가 사람을 떠나보내긴 더 어려웠을 텐데

당신의 개는 안녕하십니까

내가 개를 사랑했는지
개가 나를 사랑했는지

슬픔이 기쁨을
웃음이 눈물을 마주 봅니다

내일 아침 산책길에 누군가 개를 끌고 갈 겁니다
아니, 개가 사람을 끌고 숲으로 사라질지도 모릅니다

흰 눈이 녹는 오후
꾹꾹 눌러 찍은 발 도장에 내 발을 맞춰보며
〈

나는 이미
숲으로 사라지고 없는 사람

2부

시선의 무단침입

루루에게 1

눈 감고 웃었어
코끼리 베개 너머 너를 루루라 부를게

여름에서 봄으로 건너가는 침대
유난히 짧아 보이는 코끼리의 초원

무리에서 이탈은 크나큰 모험이란 거 알고 있니?

가끔 상아에서 화약 냄새가 나
잠을 잃어버린 겨울의 초원, 사랑이란 천적들

상처 난 얼굴로
루루와 밤새 초원을 누비고 다닌다

초원의 커다란 소파에서 놀고 있는 루루의 친구
분홍색 슈슈를 보았어

슈슈는 곧 돋아날 날개를 기다리고 있지
풀만 먹고도 자라날 수 있는 몸을 신기해하면서

어제는 루루와 늦잠을 잤고 오늘은

슈슈를 햇빛에 널어둬야지

나는 초원이 그려진 셔츠를 입고 가끔
거울을 본다

이렇게 멋진 초원의 품을 쓰다듬어 본 적 있어?

루루가
고개를 저으며 웃는다

루루에게 2

루루
무얼 보고 있니

그림자 가게 액자 속의 풍경화를 보고 있는 너

누구 뺨이 제일 부드럽니?
어떤 빗소리에 흠뻑 젖은 거야?

좋아요! 아주 좋아요!
소리치고 싶을 때는 혀를 휘둘러도 좋아

루루
가끔 네 목덜미 속 생각을 만져보고 싶어

발걸음이 경쾌한 오늘
횡단보도를 건너는 얼룩말 무늬를 만져볼까?
구름코끼리 꼬리를 당겨볼까?

공원 오솔길에서
횡단보도를 파도처럼 무너져 건너오는 널 기다려
〈

입에 물고 온 햇살을 내 귓덜미에 휘뿌리며
간질이는 널 기억해

오늘 밤
내 꿈속으로 달려와 줘

저 여름을 다 건너야 한다

횡단보도를 건너는 오후

다가왔다가
멀어지는 사람들

내 그림자를 반복해서 자르며 지나가고

희고 검은 세로 줄무늬들
생각에 잠겨 있다

어제의 바람과 오늘의 태양 혹은
절반의 기쁨과 절반의 슬픔

접속사와 접속사를 건너뛰는 여름과
액정 속 깜박이는 속눈썹의 당신이 좋아진다

사랑이란 말을 아껴둘 걸 그랬어
서로를 향해 걸어가도 환해지는 건 없지만

스쳐 가는 타인의 하품처럼
흰 털과 뭉툭해진 꼬리와 유연한 동공

〈
손가락 사이로
달아나는 저녁 이젠, 당신과 무관해진 일들

비어가는 어깨와 어깨 그리고
무릎과 발목의 예정된 고요

잘 보낼 것 같은 이 계절 그 어디에도

당신은 없다

러브버그

암수 한 쌍이 항상 붙어 다녀
러브버그라는
별명이 붙은 너희들

창가에 앉아 커피 한 잔 할 때
창밖 유리벽에 붙어 우릴 훔쳐보고 있었지

어느 별에서 온 거니
우릴 바라본 게 눈이었니 점이었니 빛이었니

설마 커피 한 잔 나누고 싶어서 찾아온 건 아니겠지
손바닥을 번쩍 드니

쌩
날아가 버린 구름처럼

*

봄날부터 복날까지
적나라한 사랑 행각으로 뭇사람 속
뒤집어 놓고
〈

야밤에 불쑥 찾아온 너희들
한 대 후려치려다 방충망만 찢어졌네
익충이란 말,
2주밖에 더 못 산다는 말에

내 맘도 찢어져

                    *

나, 당신보다 며칠만 더 살다 갈게
괜한 욕심 아냐
당신을 정성껏 보낸 며칠 후 당신 곁으로 날아가

한 쌍의 러브버그가 되어 천국을 휘저을 거야
당신, 구름 속에서 며칠만 더 기다려줄 수 있지

가만,
나 이제까지 당신에게

익충이었나
해충이었나

야간비행

이 비 언제 그쳐?
너는 창밖을 바라보며 묻는다

누군가 가두어놓은 빗소리
비행기 창문으로 닥쳐오는 빗방울들

수면 위 스크린 긁힌 자국마다
물보라의 바깥을 적시는 입술이 있다

커튼콜로 다시 시작되는 표정
흘러내리는 순간

헤매는 새끼를 훔쳐 자신의 품에 감추려는
펭귄의 다큐멘터리가 전파를 타고

펭귄의 탐욕과 슬픔은
어느 쪽 눈물로 터져 나올까

야간 비행사는
왼쪽 귀를 오른쪽 귀에 대고
〈

왼쪽 창문으로 네가 지나가고 오른쪽
창문으로 내가 통과하는 상상을 한다

가속도가 붙은 추락 장면에서
낙하산을 펴고 뛰어내린 비행사

수평선 너머 태양이 끓어오른다

지금 우리에겐
말랑하고 푹신한 활주로가 필요하다

소파에 저녁을 묻고

4인용 소파에 누워 2인분의 꿈을 꾼다

넷플릭스 속 개는 가출과 실종을 반복하고
안이 바깥이 되고 밖이
안쪽이 되는

영화 속 무서운 얼굴은 왜 자꾸 태어나는 걸까

어두운 채 죽어가는 일
한번도 들어본 적 없는 목소리로 개가 짖어댄다

같은 밥을 나눠 먹고
같은 시간을 덜어 먹는다

나는 키우고
너는 자라나고

얼룩덜룩한 생각만으로 가득한 눈망울
촘촘하게 시간이 박힌 창밖으로 빠져나가는 저녁

소파에 누우면

하루라는 절벽이 일어선다

이불 속 두 손과 두 발이 굳어 박제된
동물이었다가 해체되는

상상력이 필요하다

개의 목줄을 풀고 절벽 위에서
양팔과 양다리를 펼치고 날아가는 연습을 한다

까마득한 그곳은 아름다운 곳
아름다운 것들만 뛰어다니는 곳

바닥이 녹고 있는 줄도 몰랐다

긴 시간
소파에 묶인 채 앉아 저녁이 빠져나가는 것을
바라보고 있었다

여름 칸타타

바람은
사과나무 잎사귀를 간질이고 곁가지를 건너뛰고

함부로 뻗어나간 그림자는 제 몸을 뛰어넘고
창문은 창문을 닫아걸고

빗방울은 과즙이 되어 열매를 파고든다

여름은
탄산음료처럼 시큼하고

이름 없는 무덤은 얼마나 짭짤하고 고요할까

무채색으로 긁힌 이빨 자국들이
벽화로 읽히고
성급한 새들은 세월을 건너뛰다가 발바닥에 금이 간다

바깥만 남은 몸뚱이를 이끌고
창문 틈에 끼인 벌레의 파국을 지켜보고 있다

감당할 수 없는 이름은 점점 메말라가겠지
짜인 틀 속에 깊이 팬 생각들

〈
얼음덩어리처럼 투명한 속임수로 녹아내려도 좋으련만

사과는 모서리를 깔아뭉개고
남은 건 얼얼한
여름의 표정

어떤 투정도 들어주지 않기로 한다

재만 남은 오후를 발밑에 묻어줘
달의 울음을 삼켜줘
여름은 곧 멸망하고 말 거야

슬픈 태양은 두 동강이 나 바닥에 뒹군다

뱀의 혓바닥으로 달디단 달빛이 흘러 들어가고 있다

여름만을
상상하기 좋은 날

입술은 입술에 뜨겁게 녹아버린다

나와 당신과 레인코트

노란 레인코트에 여름이 시작되고 있었다

여름의 첫 번째 목록 중 소낙비는,

비의 냄새만으로도 잠에 취해 비틀거리게 될 비법을
알고 있다고

당신은 장미 꽃잎처럼 깔깔거린다

와인글라스 속으로 여름이 텀벙텀벙 빠져들어 가며
영원한 계절이기를 바랐는데

적포도주와 술기운과 소나기 그리고
당신과 레인코트
그밖에 뭔가 썩 어울리는 말이 있을 것도 같은데
떠오르지 않았어

레인코트를 걸친다는 건
빗방울 소리로 세상을 가로막는 일
축축한 시선의 무단침입을 정중하게 거절하는 방법 중
하나라고

〈
술로 빚은 눈빛과
먼 바다를 스쳐온 바람의 차이만큼 처음부터 우린
태생이 달랐을까

그렇게 몇 번의 여름을 탕진해 버리고 나서
레인코트를 옷장에 구겨 넣으니까
한여름의 분리수거함에 퍼붓는 폭설처럼
계절은 길을 잃어버렸지

그 여름은 유난히 길었고 다음 해의 봄은
지독히도 멀겠지

우린 서로 다른 계절로 되돌아갔고

빛나던 레인코트와
눅눅한 얼룩들이 얼굴 마주하게 된 건 무슨 이유였을까

물을 가둔 수영장 수면 위로
목마른 당신의 노래가 흘러넘치는데

여름방학

그곳에 동시 상영관이 있었다
두 개의 서로 다른 빛과 그림자가 교차하는

박제된 틀에서 벗어나면
벗어난 날갯죽지를 펄럭여 보일 수가 있었다

천국의 자유를 한 움큼 훔쳐 온 천사는
먼지를 털고

굳어버린 일상에서 탈출하여 서로의 손에 채워진
투명한 수갑을
풀어버리고

달팽이에게 애인의 이름을 붙여주며 불러보았다
잎사귀마다
여름이 끌려가는 소리

잎맥의 촉감은 아직 살아 있구나

천사들의 하품 조각이 굴러다니는 낡은 영화관
냉방시설 안쪽

얼었던 태양이 녹고 있다

빈 영사기 돌아가는 소리 창틀에 걸리는
두 팔을 뻗으면

단단한 구속이 만져지고
얇아서 헐거워진 커플 반지

눈을 감았다

잘, 지내나요?

한 뼘씩 웃자라
훌쩍 떠났던 애인의 그림자가 웃으며 다가왔다

광화문광장
– 여름이 오기 전

책 사러 교보문고 갔다
어떤 아이 등 뒤에 쓰여 있는 글씨를 본다

nikecraft!
nikecraft?

바나나처럼 휘어진 무늬 속을
아무리 넘겨봐도
책 속의 뼈는 만져지지 않고
반달곰 가슴에 새겨진 둥그런 여름이 오고야 만다

아이들은 서로의 등에 손가락으로 낙서하고
등짝마다 기쁨에 기쁨이 번지고

티셔츠에 박힌 얼굴을 따라 광장을 걷는다
한 걸음 뗄 때마다 새어 나오는 웃음소리

먼 곳을 바라보는 장군상
물보라로 잠 깨우고

*

베란다 창문을 닫고 왔는지
그림책 어느 페이지에 촛불을 켜두고 나왔는지
책갈피 속 알람은 꺼두었는지

광장엔 낯선 그림자들
한 움큼씩 내 몸을 훑고 지나가고

깨끗이 먹어 치운 어제와
오늘 처음 맛보는 광장 분수대 여름의 소리

내게서 머물다 떠나는 것들은
오른쪽으로 따라가도 왼쪽으로 꺾어가도
다시 마주칠 수 있는 것들

길을 걷는다

도시의 여름은 회전문처럼 빙빙 돌다가
바나나처럼 휘고 말겠지만

광화문광장
- 오후 3시, 근처

면접 보러 광화문 가는 날

목소리 가다듬어 옥상에 널어놓고
거울 속 나는 나를 응시한다

세종로 로열빌딩으로 한 발짝 들여놓았을 뿐인데

총알 장전되는 소리
낯선 손가락이 나를 겨누고 있다

설마 하는 나와 뭘까 하는 나 사이
이마와 옆머리에 정확히 두 방 맞았다

정상입니다

마스크 밖으로 빠져나온 목소리
손 세정제 몇 방울 굴러떨어지고
손이 발이 되도록 빌었다 아니, 비볐다

킬킬 총알이 웃는다
〈

헝클어진 머리칼을 호주머니에 넣고
엘리베이터 버튼을 누른다

*우리 회사에 입사하고 싶은 이유와 팬데믹 극복에 대하여
아는 대로…*

면접관의 입술 주변으로 시선들이 모여든다

정해진 물음만 쏟아내는 그의 입술과
정해진 대답에만 반응하는 나

이 바보 또 쫄았구나

내 목소리가 내 뒷덜미를 낚아챈다 그래서
그랬는지 뒤돌아 나올 때

뒤통수가 근질거렸다

광화문을 나와 회전문을
아니 회전문을 나와 광화문을 걸었다
〈

어디서 총성이 울렸던가
어디쯤 폴리스 라인이 둘러쳐졌던가

암호 같은 장면들
분수 물줄기 사이로 교묘히 빨려 들어간다

마스크 안쪽 축 처진 나를 꺼내
미진분식에 들어가 냉 메밀을 주문한다

젓가락으로 면 가락을 헤치다가 나는 다시 두툼한
익명 뒤에 숨고

핫 크리스마스 여름

다이어트를 시작도 하기 전에 냉장고부터
먹어 치울까

콜라에 감자튀김 세트를 주문하고
치킨 너겟에 오징어 볼 그리고 루콜라 피자 위에
토마토케첩으로 입 주위가 붉어져도 웃어야지

빨갛게 익어가는 불금이니까

멜로디에 따라 춤을 추는 음악 분수대의 물줄기
롤러스케이트장으로 중년 커플이 들어가고
햇병아리 애인은 가로수길 한복판에서

갑자기 키스를 하고

여름 장마의 시작
불꽃 튀는 번개와 성급한 천둥을 데리고
떠나버릴 방법 어디 없을까

미안해

어젯밤 보낸 문자 메시지엔 느낌표가 너무 많았지

산책 나온 강아지들은 서로 짖어대고
입마개를 씌울까 말까
고민하는 주인들

모처럼 첫 시집을 낸 시인은
강아지를 입양하고
입양 축하 모임에는 어떤 사람과 개가 몰려올까

밤이 낮으로 낮이 밤으로 뒤바뀌면 강아지들은
웃으며 태어날지 울며 태어날지

여름엔 어느 별을 찾아 여행 가고 싶은지
친절하게 물어보는 아빠가 있고

잠옷 무늬는 언제쯤 바뀌는지 물어보는
아이가 있고

아침이 순한 맛으로 솟구쳐 오르는 발걸음

〈

네가 보낸 크리스마스 엽서엔 새콤달콤한
쉼표가 너무 많이 끼어 있었어

지난여름, 물렁물렁해진 거북 등처럼

'사랑의 기쁨'에 대하여 시를 써달라 창밖
나무로부터 청탁을 받는다

하얀 손 따끈한 잉크로 쓴 이야기들

대체로 이해하고
대체로 이해하지 못하는

노트를 덮는다

식탁 위 샐러드와 빵과 우유
아침이 식어간다

시를 고치려다 시를 놓치고
아침을 먹으려다 아침을 놓친다

*

다가갈수록 달아나고 모을수록 흩어지는 시
한 문장씩 접어 커튼을 만든다
〈

창밖에 숲이 나타나고
그 한가운데 테니스코트가 보인다

통통 튀어 오르는 활자 같은 공
내 '사랑의 기쁨'은 어디쯤 튀어 오르고 있나

*

사랑의 변질에 관해 쓴다
내가 나를 무수히 자주 버려 변절자가 된다

나를 나는 소비했고 낭비했다

창문 속 새로운 창문
신문지 속 사람들의 갈변된 표정

쏟아버린다
물렁물렁해진 거북 등처럼

어제 쓴 시를 다시 읽는다
흑백의 얼굴들이 조용히 듣고 있다

프리즘

마주치고 싶지 않았는데 소심하게
먼지보다 먼저 인사를 건네오는 것들이 있다

덜 자란 턱수염과 덜 숙성된 토마토
한의원 의사가 처방해 준 사흘 치의 가루약

식탁 위 유리는 차갑고
우린 서로 어울리는 말이 떠오르지 않아서

입을 다문다

나는 TV를 켜고
당신은 커피를 타고

나는 의자 모서리에 비스듬히 걸터앉고
당신은 소파에 기대어 눕고

같은 뉴스
같은 드라마를 본다

여배우의 추문 스캔들은 논리적으로 드러나고
섬으로 떠난 주인공이 낚싯배에 고립되는 드라마는

〈
비논리적으로 전개된다

리모컨을 쥔 채 잠드는 걸 싫어하는 당신과
등을 돌린 채 잠드는 내 오랜 습관 사이

당신은 냉장고에서 마스크 팩을 꺼내 세상을 골고루
펴 바른 뒤 잠을 청하고

나는 남극으로 떠나는 꿈을 꾼다

식탁에 늙어가는 토마토의 피부와
바나나의 검은 반점은 여름이 녹은 잔해

서로 녹이려다 스스로
녹아버리고 마는 가루약의 위무慰撫

일찍 성공한 동창의 부음 소식을 들은 날

거실에서 침실까지 나는
길을 잃어버리곤 한다

3부

새들이 가벼워지는 연습

김다영 약사가 웃는다

태양을 오려낸 색종이

창문 블라인드 틈으로 하루치의 햇살이 약국 간판을
잠깐 오려 붙인다

한번도 반성해 본 적 없는 손가락
고개 숙인 사람들

김다영 약사가 빙긋이 웃고 나는
나에게 처방전을 쓴다

물고기처럼 익사하지 않는
약을 줄까요, 혹은
날개 달린 겨드랑이를 처방할까요

암울한 목구멍에 알약을 털어 넣는다

되살아나지 않는 목소리와 입꼬리마다
무뎌지는 이름들

상비약으로

촘촘한 일상이 오와 열을 맞춘다

바이러스가 창궐하는 바깥에는
같은 뉴스, 같은 처방만 되풀이될 뿐

김다영 약사가 옥외 간판 불을 끈다

새들이
가벼워지는 연습을 한다

알베르게[*]

아침 바람이 투명한 색종이처럼 일렁인다.

정면으로 바라보이는 TV. 유리잔 안으로 유빙이 흘러내리는 지구의 반대편 상황을 반복해 보여주지만 읽어낼 수 없다. 낯선 자막이 가끔 예뻐 보일 때도 있지만 궁금해서 미울 때도 있다.

어젯밤 꿈엔 선량한 사람 몇 명이 숨졌다. 남의 불행에 대하여 무관심하게 지나쳐버린 나는 시차를 두고 산티아고의 아침을 생생하게 되살려내다가 알베르게를 빠져나와 홀로 걷기 시작한다.

산 너머 하늘과 구름의 경계가 희미해질 때마다 당신 얼굴이 눈에 밟힌다. 널 얼마나 사랑하는지 너는 모를 거라고 엽서에 쓴다. 당당하게 말하지 못하고 이제야 말하는 나는, 얼마나 오랫동안 사랑을 관념으로 사랑했던 걸까?

걷다가 물을 마시고 또 걷는다. 싸 온 도시락을 먹는다. 모르는 외국인에게 안녕, 안녕, 인사를 나눈다. 여행은 아름답다고 말하는 사람들. 그림자를 투과한 사람들은 지체하지 않고 숲을 지나치고.

크리스마스에 유칼립투스 아래에서 키스하면 사랑 고백이 이루어진다고 하던데, 샅샅이 뒤져봐도 낮잠에 취한 코알라조차 보이지 않는다. 걷는 방식에 골몰하지 않기로 한다. 누군가 머물다 간 벤치에 모르는 사람의 온기가 남아 있다.

  안락하게 젖을 수 있어 좋았다. 걸음을 뗄수록 새로 태어나는 슬픔의 목록, 내일은 내일의 걸음 방식을 새로 익힐 것이다. 지구 반대편의 당신, 인력과 중력의 힘으로 나를 끌어당기는 꿈을 꾸고

* 알베르게 : 순례자 전용 숙소.

즐거운 핑크

남대문 시장에서
구름 오천 원어치를 산다

회현동 지나 명동 횡단보도를
건너는 애인들
구름 한 덩어리씩 머리 위에 이고 다니고

남산 케이블카는 오후 5시 방향으로 미끄러진다

연인들은
구름 속을 넘나드는 착시현상에 빠져
'구름이 솜사탕처럼 부풀어 오르는 사랑'이란 말에
밑줄을 긋는다

백지 속 한 점 과녁이 되는 일
횔수록 미끄러운 표정들
기억은 케이블카를 타고 달아나 버리고

타워로 가는 길
애인들은 입술에 입술을 덧칠하기 시작하는데

핑크 구름은 푹신한 소파 같아서

키스하며 뛰놀기 좋았다

이런 게 핑크 메이크업인가요
네, 축젯날엔 핑크가 붕붕 날아다니죠

화장품 가게로 모여드는 명동의 불나방들
휘휘 내쫓으며 점원 아가씨는

핑크를 포장한다

네온 너머 눈 속에선
축포의 불꽃이 치솟아 오르고

낙원동 지나 익선동까지
핑크빛 꽃봉오리는 계속 터진다

카페 골목길 외등 여기저기
서로의 그림자를 끌어안는 애인들

황홀은
언제나 입술 안쪽에 있는 설렘 같은 것이라며

퇴직한씨의 아무 날

알람 소리에
놀라 눈을 뜬 퇴직한 씨

당신의 안녕은 정수기 물처럼 딸꾹딸꾹 잘 떨어집니까

딱딱한 바게트 식빵과 식어버린 쓴 커피와
색깔 바랜 셔츠와
조간신문의 사회면 기사와
어제저녁 자동차 매연 냄새의 유해성에 대해

생각은 너그러워지고

오랜만의 외출에 대하여
다정해지는 눈빛을 연습한다

셔츠에서 목을 막 빼내면서
하루를 시작하는 거울 속의 당신

양 떼들 울음소리가 들릴 것 같은
옷장 속 스웨터가 불룩하고

채널을 돌리면 웃음을 파는 홈쇼핑

평일이 휴일이 되는 하루
약속이란 깨기 위해 있는 거라고 웃어버리고

여전히 나는 잘 지냅니다
라며 말하고 싶은 당신

잠들다 깨어보면
움츠러든 자라목이 어느새 굳어 있고

손등처럼 말라가는 흰 셔츠의 피부

궤도를 벗어난 행성처럼
당신의 습관은 흑백 사진처럼 멀어져 있다

거울 속 왼쪽과 거울 밖 오른쪽을 바꿔가며
악수하는 연습을 하고

왠지 웃으면 건강해질 것 같은 근거 없는 믿음으로
한 움큼 비타민을

탈탈 털어 넣는다

소파와 식빵과 쇼팽

식빵이 말랑해지고
쇼팽이 소파처럼 안락해진 음을 음미한다

필름이 끊기는 순간 뭉쳐진 장면이 떠오른다
가죽 같은 섬유질

감정에 핏대를 세우고 난 대체 뭐가 되려고?
아!
이런 식빵!

같은 입술이 다른 모양을 흉내 낸다
구름이 구름으로 뒤덮인 도화지를 꺼낸다

칼칼해진 목청 한 옥타브쯤 떼어내
쇼팽의 입꼬리 위에 입꼬리를 덧칠하는 일

귓바퀴를 버리면 푹신한 소음과
물렁뼈가 만져진다

뱉어낼수록 후련해지는
〈

내부의 벽에 무릎과 무릎을 마주 대면
하루가 지난 하루가 허벅지로 흘러내린다

나는 소파 위에
너는 식빵 속에 나란히 누웠지

쇼팽을 흠뻑 덮고

우적우적
뼈째 씹히는 내부 늘 허기가 잠을 방해한다

부풀어간다는 말
밤이 깊어진다는 말로 들렸다

누었던 소파에서 쇼팽의 살냄새가 나고

밤은 그저 제멋대로 굴러가는 익숙한 리듬
만지기 좋은 가죽으로 연주하고 싶은

말랑말랑한 소음처럼

블루라이트[*]

밤 11시 11분쯤 번개 치는 걸 본 적 있어

검은 배경에 흰 선으로 내 몸을 관통한 엑스레이
흑백논리는 그때 시작되었는지 몰라

처음부터 빛은 알고 있었을까
검은 바탕에 흰 무늬로 기록되는 찰나를

지하철에선 CCTV가 날 감시하는 건지
내가 CCTV를 관찰하는 건지

물 한 방울이라도 놓치면 질식해 버릴 물고기처럼

화면 속 꽃들이 흐드러진 사이
곡선이 곡선을 잃는 사이
내려야 할 정거장은 직선 혹은 사선으로 스쳐 지나가고

밝은 날엔 태양을 믿어야 하니까
지하실에선 믿음이 종교니까

함부로,

머리 위로,
아무렇게나,
꽃피지 않게 하옵시고…

독백이 웃음이 될 때까지 눈은 계속 감고 있어 줘

어둠 속으로 달아나는 무수한 너의 이미지
흘러나오는 대로 흥얼거려 봐

부를수록 가사가 뒤바뀌는 리메이크곡같이
우린 계속 웃으며
눈으로 구분할 수 있는 빛의 가짓수를 세고 또 세고

대답해 줘

네가 제일 좋아하는 빛의 방식으로
혹은, 11시 11분 같은 직선의 방식으로 내가

흔들리지 않게

* 블루라이트 : 모니터, 스마트폰, TV 등에서 나오는 광원.

롤리 롤리팝

은반 위로 쏟아지는 후렴
꽃다발과 인형과 무지개를 주워 담으며

눈 뜨면 나무가 되고 눈감으면
나를 휘감아버리는 나뭇잎 같은 당신

표류하던 회오리바람은 대체 어디로 사라졌을까

돌아가는 빙판 위에서 당신은 빙글빙글
아이스크림을 핥고

아무에게도 보인 적 없는 눈빛으로
아무에게나 말 걸고 싶은 혀

회오리바람 앞에 당신은 뜨거운 뺨

예민한 눈빛과 날카로운 혓바닥으로 녹일 수 없는 건
아무것도 없는데

잎사귀 닮은 입술에서 고음이 새어 나온다
색깔이 욕망을 노래하는

〈
롤리 롤리팝

범람하는 꽃이었다가, 어둠의 조각이었다가, 절정의 오로라 였다가,

입술로 입술을 열자 계절이 뒤바뀌는
팽이들,

팽이는 멈출 수 없어 좋았다
빛나는 무늬들
당신은 어느 은반 위에서 아직도 맴돌고 있나

시애틀

백야가 시작되었다
인어가 밤새 출몰해 지구 반대편으로 날아간다.
커튼 틈으로 웃음이 새어 나오는 저녁도 밤도 아닌 그곳

웃음을 가득 담은 종업원
내 입에서 튀어나올 단어를 기다리고

탁자 위 커피잔을 두 손으로 감싸안는다

23.5도 기울어진 회전 속, 시애틀 밤의 백야
35데시벨 소음으로 청하는 밤의 향기

반은 밝은 맛
반은 어슴푸레한 맛

*

"산더미처럼 쌓여 있는 슬픔을 볶아낼 겁니다."

액자 속, 생두 자루를 깔고 앉아 쉬고 있는 사람들
커피나무 그림자가 흔들리고

〈
수북하게 달린 열매 정수리에 눈물 한 방울 떨군다
은빛 스푼으로 각설탕을 저으면
액자 속 여름도 녹아내린다.

힘차게 노를 젓는 사내를 휘젓고 있는 여인이
입을 가린 채 웃고

*

호수가 거대한 커피 향으로 가득 찼다
서로 주고받는 향기로운 키스

박제된 호수 그림을 보며 여행 후
내 모습을 상상한다

창밖을 바라보는 나의 뒷모습은
국경을 넘나들던 캐리어를 닮은 거북처럼 누워 있고

달궈진 날씨는
부패하기 직전의 커피 향을 닮았다

여우비

여우가 울고 싶은 시간이 언제라고 했나요?

볕은 있는데 비가 내리는
이런 날 우산을 쓰기도 쓰지 않기도
뺨은 간지럽다

새들은 물방울로 장식된 허공을 읽어요
문장이 되어 반짝이는
녹색의 부리로 뱉어낼 것들

한 번도 흘러가 본 적 없는 구름을 찍어내며
시들지 않을 시간이라고 말해줘요

비와 비가 부딪치고
녹색의 부리가 떠내려가 거리는 혓바닥으로 흥건해요

두 팔을 뒤로 펼치고 날아가는 화살은
나뭇잎의 앞구르기를 흉내 내고

쌓인 빛 위로 축축한 빛 무더기가 쌓이고
빛의 입자로 얼굴을 씻으며 굴러갑니다

울음 따위는 더 없을 테니까요

꼬리에 꼬리를 밟을수록 부드러워요
수명은 반죽 같아요
제 무게를 견디지 못하고 지워지는 발자국도
더 늘어나지 못하고

발가락이 가장 뜨거워지는 시간이 언제라고 했나요?
귓바퀴에 불이 켜지는 순간

여우는
꼬리를 감추고 오후 2시를 횡단 중입니다

젠트리피케이션[*]

발단은 바닥이었다

낡은 시간을 뒤집어엎는 공사가 한창이다
무늬가 깔리고 있다

발설한 발자국과 말라가는 낙서들 누군가
그려놓고 간 모눈종이 칸과
밤새 페인트로 휘갈긴 음화들

해체 직전의 주유소 간판이 덜컹거리고
편의점으로 들어가는 취객의 손과 무릎이 꼬인다

함부로 떨군 독촉장 절취선
아침으로 달려가는 공사장 공기는 불규칙하고

숨이 턱까지 차오른 어둠
시간이 깨어나기 전에 빠져나가야 한다
멈췄던 구름이 움직이고
네모 속에 광고가 채워지는 시각

믿을 수 없는 건 소음의 방향

바닥에 뒹구는 스프레이 통과 녹슨 난간과 소멸한 그림자
그 빈칸을 생각한다

한때 주유소였던, 편의점이었던, 원룸이었던,
그 단단했던 기억 안쪽 벽 틈으로부터 흘러나오는
불빛을 뒤돌아보는 순간

누군가는 코를 틀어막고
누군가는 비상벨을 누르겠지만 그건 모두

네모 밖의 일
모니터 밖의 일

공사가 끝난 보도블록 위
누군가 떨구고 떠난 눈물자국을 세며 걷는다

숫자가 찍혀 나온다
매몰된 모서리가 흥건하다

* 젠트리피케이션 : 낙후된 구도심이 활성화되면서 원주민이 밀려나는 현상.

만나요 그 아케이드에서

검은색 차들이 지나가고
검은 옷 입은 커플이 스쳐 가고
검은 유니폼, 검은 모자, 검은 마스크, 검은 눈빛

장례식장 패션이 지루해질 무렵
며칠 전 오픈했다는 그 아케이드에 갈까요

마네킹이 줄지어 서 있지는 않아요
손과 팔을 휘저으며 호객하는 공기 인형도 없어요
외계인이 몰고 온 비행접시가 불시착한다는 소문조차 없고
프랑스인 쉐프도 이탈리안 소믈리에도 없지만

그 아케이드에서 만나요

언젠가 당신과 함께 왔던 적 없는
낯선 기분으로

색소폰 음률 따라 분수가 몸을 비트는 영상을 보며
철없는 철새처럼 팡팡 날아볼까요

옥상 카페에서 아이스아메리카노 한 잔 어때요

Ai 로봇이 원두를 갈고
뒤뚱뒤뚱 Ai 펭귄이 서빙할지도 몰라요

그러니까 우리 쇼핑하러 가요

카트에 물건이 쌓이면 사랑도
쌓일 거라는 생각

백화점 전단처럼 매끄럽진 않지만
대형마트 시식처럼 가공된 웃음은 없지만

계단을 백조처럼 걸어봐요
칠면조처럼 조명이 화려해질 때까지 우리,
손 모아 기도라도 할까요

우리에게 쇼핑할 형식과 컬러풀한 안목을 내려 주시옵고
아직 안 죽고 살아 있음에 기뻐하면서

나는 휘파람으로 축복의 문을 열고
당신은 스커트 꽃무늬가 휘날리도록 춤을 추면서

이미지 한 컷

　빌려도 될까요

　믿음, 물음, 묻음, 묶음 그리고 무음의 이미지들 빙빙 돌다가 멈춰 선 슬라이드 박스 속에 출렁이는 파도, 담배를 비벼끄고 멋쩍게 웃는 젊은이들, 뜀박질하는 어린애들, 아직은 멀쩡하지만 지팡이에 기대려는 사람들 모두 희미해지고 있습니다. 액자 속의 오늘, 저녁의 문을 미리 닫으려는 표정들

　더 착해지려고

　이상하지요. 아무리 노를 잘 저어도 바다를 벗어날 수는 없다는 논리로 물이 들어오는 배에서 손금을 따라가 보면 머리칼 풀어헤친 물풀들의 율동, 물방울은 물방울끼리 물풀은 물풀끼리 몸을 비벼 함께 뭉쳐질 운명인 것만 같습니다만, 흔들림의 투명 속에 햇빛이 왈칵

　쏟아져 꺾이고

　파도 속에 난해한 추상화 풍경이 나오고 어떤 장면은 탄생을 축하하는 축포처럼 온몸을 끌어당겨 나만의 토포필리아˚ 태어나자마자 환하게 울어야 사는 이야기, 그런 생명의 이미지 한 컷

〈
빌려도 될까요

* topophilia : 특정 장소에 대한 미련과 애착, 사랑.

애인과 소파

애인과 말다툼하던 날

하늘은 노랬고
장미는 검붉게 펄럭였지

집에 오자마자
짐승처럼 소파에 엎어진다

무채색 빰이라면
감추기 더 좋았을 텐데

흔들리는 배의 고동 소리
파도 같은 표정을 접은 빰과 빰
멀미 난 영혼
이미 줄을 놓아버렸는데

잠 밑에 눌려 있던 악어 같은 스프링
언제든 내 옆구리를 물어뜯으려
으르렁거렸지

소파는

애인과 헤어지든 다시 만나든
상관없이
나의 빈 가슴을 힘껏 안아주고

엉덩이를 맞대고 앉아
눈 빨개지도록 울어도 소파는
거울 속 구겨진 나를 꺼내
화해를 청한다

내일은 낡은 소파를 꼭 버려야지
또
결심하는 밤

4부

짐승처럼 내리는 봄비

구름은 어떤 형태의 그림자를 원할까

구름 일부를 베어왔다

뜻밖에도 아니, 뜻과 밖 어느 곳이었을까
매듭을 푼 결말이 술술 풀리는 일
나는 읽혀버렸고

고양이 구름은 꼼짝하지 않았지
올 풀린 꼬리가 실종의 유일한 단서야
내가 살아 있는 증거
꼬리에 꼬리를 물려면 격리된 독방이 필요하지

유리창 너머로 안방이 손바닥처럼 접히고
꼬리를 끊고 도망치는 창문 틈 구름을 바라볼 때
침대 위에는 눈물 자국이 남았지

식탁 위를 떠가는 구름을 모아 저녁을 차려야지
선인장 껍질을 벗길수록
맑게 읽히는 이름 혹은 추상명사들

거실에서 나를 만난 사람은 없고 골목은
목덜미처럼 줄어든다

〈
하늘을 벗겨 새털을 세어 봐

구름이 구름을 끌어들이고
구름은 구름의 그림자를 빼앗아 달아나고

이상하지
벽 속으로 새털구름은 자꾸만 태어나고
발을 모으면 사라지는 꿈

누군가 내 꿈을 밟고 있어

유리병 속 과육이 익어가는 시간

문을 잠가두어도

유리 벽 사이로 마주치는 시선들
입술이 달싹거릴 때마다 떨어지는 시간의 각질들

다가갈수록
남겨진 시간은 기다림 뿐이라서 수없이 깨어나고 잠드는 침묵

혓바닥이 된 숟가락으로 시간을 떠보면 살과 뼈가 드러난다

투명해진 시간마다 휘발된 유월의 숲 냄새가 난다

견고한 다짐들
눈빛을 꺼내 렌즈를 닦는다

당신은 병에 어울리는 이름을,
미라의 향기로운 관을, 사막의 선인장 무덤을 줄곧 떠올린다

무덤을 뚫고 나가면 차디찬 벌판
내뱉은 즙은 허공에 멈춰 있다
〈

얼어붙은 몸통은 미라가 되고 혓바닥이 들러붙었다

우린 서로 다른 호흡기를 가진다
유리병 속, 문을 열고 나오는 이름들

틈과 침 사이
호명된 시간이 걸어 나온다

인형의 집

후드득
왼쪽 팔이 뜯겨나가고 있다
넌 불량이야

눈빛을 가려야 하는데
손차양을 만들어야 하는데

불룩하게 누르면

알라뷰
알라뷰…

다른 노래를 가르쳐주고 싶다

목을 지나 배꼽까지 다섯 개의 알사탕
햇빛에 녹고 있다
내 음성도 녹아내리고

냉장고에
작은 귓구멍, 반달눈썹, 환해지거나 불타는 뺨
휘어진 머리카락들

〈
반으로 접어 넣는다
꽃잎은 쉽게 부서지고
바닥으로 주저앉은 해동된 캔
밟힐수록 반짝이는 납작한 생각들

알루미늄 눈동자가 늘 말썽이다
황홀하다는 이유로
헝겊과 친구가 될 수 없다

웃음의 뿌리를 공중에 심는다
핏기 없는 꽃들의 뼈마디

다른 빛깔의 다른 생각이 묻어 있다

건전지를 교체해도
웃음은 웃으면서 죽는다 아니,
죽으면서 웃는다

귓바퀴마다
웃음소리가 뒤집힌 채 박혀 있다

봄비는 짐승처럼 내려요

두꺼운 책은 접어버려요
오늘은 창밖의 빗소리만 읽을래요

후두드드득

지금, 막,
자동차 보닛 위에 후두득 소란하던 지난여름의
소나기 소리와
허벅지에 얇게 떨어지던 눈물의 실종을
말하려던 참이에요

우리가 저지른 죄의 목록 위에 손을 얹고
부활의 은총을 내려달라는 성가대의 찬송이 흐르면

휠체어를 타고 부활절 예배 온 애니아의 집* 아이들

아우 어어 아아

손으로 만져볼 수 없는 소리라서 가슴으로 따라 불러요

황사 속 함께 울어 줄 심장은 없고

미세먼지를 씻어줄 기도도 말라버렸는데

아이들은,
뾰족한 지붕 위로 떨어지는 봄비로 다시 태어나려 해요

꾸욱꾸욱 겨우내 참았던 먹구름이 꾸룩꾸룩
슬픔을 간증하면

누군가
들릴 듯 말 듯 흐느끼기 시작하죠

그런데
그나마도 빗소리에 묻혀버려요

가끔가끔 봄비는 짐승처럼 내려요

아무런
대꾸할 목소리도 없으면서

* 애니아의 집 : 중증 장애 아동 요양시설.

창밖에 저수지가 보이고

저수지가 보이는 식당

주방장이 냉장고를 열 때마다
연어처럼 튀어나와 인사하는 언어들

마음에 들었다

냉장고 속에 싱싱한 저수지가 들어 있다는 게
투명한 살점들로 살맛이 살아난다는 게
빙 둘러앉아 해물탕을 맘껏 먹을 수 있다는 게

누군가 소리친다

뭐? 전복 속에서 흑진주가 나왔다고?
어쩜, 이런 일이 내게 일어나다니 여기 이것 좀 싸주세요

아, 이건 그냥 탄소 덩어리인데요

*

버튼을 누르자

의자가 천천히 뒤로 젖혀지고 낯선 문장이 이어진다

아, 입을 크게 벌리세요

발치한 금빛 덩어리 치아가 테이블 위를 또르르 구른다

*

돌을 던진다

수면을 가볍게 뜀박질하는 물수제비
 저수지에 황금을 넣어두고 조금씩 꺼내 쓴다는 얘기를 들어본 적 있다

커튼이 저수지를 감싼다
캄캄해져서 더 이상 돈이 빠져나가지 않게

냉장고 속 저수지에 인사한다
물결무늬처럼 젖지 않는 것들의 존재에 대해서

돌멩이는

저수지에 빠져도 다시 떠오를 줄 알고
한겨울에도 얼지 않는 방법을 안다

누군가가 뜨거워진 몸을 감추려
냉장고 속으로 들어가 나오지 않고

천국

눈먼
낙타가 먹구름 속을 지나고 있다

발자국 소리에 하늘이 뚫린다

사방 천지에 내리치는 폭풍우

새카매진 얼굴로
미끄러운 사막을 맨발로 걸어가면
빛바랜 그림자가 돋아날 듯

뼈를 끌어안고 죽은
화석으로 발굴될 것이다

우리들의 사인은
고독사孤獨死

아이들이
연기를 꼬아 만든 밧줄에 매달린 채

천국의
바늘구멍을 통과하고 있다

시월이 냄비에서 끓고 있다

나 홀로
시월을 끓이고 있네

낯선
아내는 동창들과 뉴질랜드로 여행 떠났고
철모르는 딸내미는 출근해 버리고

하릴없는 나는 라면을 먹네
거울을 보며
가늘게 선 면발들이
거울 밖에서 혀 꼬부라진 나를 흉보고 있는 건 아닐까

윙윙,
방파제 끝 빨간 등대를 향해 아버지 손을 잡고 걸어가다가

잉잉,
아버지가 내 손을 쥐고 울기 시작한다
방금 잃어버렸어 한 칸
우리 집을

아무리 머릴 쥐어짜도

대문과 지붕 색깔이 떠오르지 않아

한겨울 속 시월 같은 아버지

마른 담배에 걸터앉아
불붙이려다 골목 하나 또 태워버리셨네

해 질 녘 가슴은
노을보다 더 붉게 타오르고

딸내미 퇴근하고 집에 와
어디냐고 전화할 텐데

거기, 누구세요 빨갛게
웃고 계신 분은

등 뒤엔
등대 하나 우뚝 서 있을 뿐

팔월

비 온다

비가 와서
복숭아 같은 네 뺨이 젖는다

나에겐
네가 많아 비처럼 울컥 쏟아내 버리고

나무 어딘가에 쉬었다가 떨어지는 나뭇잎들

부드러운 착지

비를 움켜쥐고 있다가 바람 불 때마다 뿌려대는

너의 눈물

툭툭 털어내는 슬픔이 무겁지 않아서 좋다

조금씩 비 맞아
우리 나이가 젖어도 좋다
〈

밤새 내린 비 지나
되돌아오는 너의 턱선

너는 모른다
창문을 닫고 네 그림자를 만지고 있으니까

나무의 입술이 파랗게 질려도
아무도 나무라지 않는

너는
볼 붉은 복숭아

카페 바하리야

요양원 다녀오는 길

고속도로변에 길게 누워 있는 카페
경사진 복도를 지나 마주 앉은 창가 끝

모래 냄새를 받아먹고 자란다는 사막 도마뱀이
바람 속으로 사라지는 오후 5시

당신은 이곳을 고속도로 진입 전
마지막 휴식처라 했고

이봐
사막의 꼬리는 아직 망하지 않았어
사막은 서막序幕만으로 훌륭해

당신은 아메리카노 한 잔
나는 사막여우 꼬리 하나

사진과 다르잖아 건축 대상도 받았다던 카페인데
폭락한 개별종목처럼
그 흔한 푸른 나무도 풀도 한 포기도 없다니

〈

포기해 당신이
쓸쓸한 사막이 여기 컨셉이라잖아

나는 더 쓸쓸해지기 위해 창밖을 껐다 다시 켠다

바삭해진 돌무더기 숲
돌멩이들은 서로 덮어주며 사는 법을 알고 있을까

우린 신발을 벗고
노란 조명을 덮고 누워 있는 사막을 걷는다

주름과 주름 골짜기
폭등 직전의 사막바람 버릇처럼

아무런 예고편도 남기지 않는
노을의 나쁜 습관

출렁이는 건 다 여우 꼬리 같다던 어머니

휴게소에 들러 국밥을 먹는다

전람회
– 2월을 걷는 여인들

계단을 오른다
모르는 시선이 계단을 내려온다

낯선 얼굴과 마주치지 않으려 사정거리 밖
멀리 달아나는 발꿈치

역주행으로 전시된 고궁의 시간
미술관 속 일촉즉발의 예감은 언제 만들어지는 것일까

머리에 슬픔을 이고
느리게 걷는 그림 속 여인들
빠르게 복원되는 네모난 빛의 잔상과 신호등

눈 감고도 미끄러지듯 건넌다
살얼음끼리 부딪칠 일은 없겠지만

사랑해, 라고 말하며 도망쳐버린다면
너의 초상화는
누구의 그림자 앞에 무릎을 꿇을까

액자 속

버스 정류소 의자는 데워지지 않고 사람들 시선은
먼 곳을 바라본다

기지개를 켜는 나목裸木과 비어가는 팔
한때 원을 그리며 돌아가던 회전문

유리와 점포임대 사이 문자가
멈춰 있다

길어진 그림자들은
화려하게 깨어날 밤을 향해 다시 맴돌기 시작하고

아이스크림이 만든 웹툰

거리를 걸었다

거꾸로 걷고 있다고 생각했다
사막에서 사막으로 삭막하게 태어나지 않은 것들을
믿지 않기로 했다

반으로 쪼갠 사과 얼굴에
씨줄과 날줄을 반대로 그려 넣는다

페이지를 넘길수록
이야기가 거꾸로 시작되었다

부풀어 오를 대로 부풀어 오른 지구촌
얽히고설켜 뒤죽박죽되는 일

사막 한복판에 빌딩을 세우고 호수를 파고 섬을 만들고
새 표정을 이룩하려는 사람들

꿈은 정반대로 돌아가고
웹툰 속 내일은 아직 도착하지 않았다
〈

네모난 모자를 벗으니 땡볕이었다

은빛 마스크를 쓴 누군가가
저 아시겠어요?
악수를 청한다면 어느 쪽 손목을 버려야 하나

누군가 모래를 뒤집어쓰고
뒤집힌 모래를 누군가 다시 뒤엎는다

주인공이 죽는다니 이게 말이 돼
그러니까 웹툰이지
일어날 수 있는 일이 일어난 것 뿐이잖아

나를
뜨겁고 달콤하게 해줘

지구 한구석 어디선가
혓바닥이 녹고 있다

아메리카노

당신은 오지 않고

커피와 크루아상을 주문하려던 손은 멈춰 있고 점원은 갓 구운 빵을 포장하여 진열대에 진열한다. 빵을 포장할 때 두 뺨이 함께 포장될 때도 있다.

움직일 때마다 발목이 흘러내린다. 신입생 같은 이 빵들을 어떻게 훈련 시켜야 좋을까. 눈과 귀를 반대로 진열해 볼까. 견고해지는 시선마다 문을 열어볼까. 누가 버리고 간 시간일까. 귓바퀴로 토끼를 만진다. 귓바퀴는 나를 만지는 중 만일 귀가 없어진다면 마스크는 어떻게 써야 좋을까.

화덕 속 발바닥과 반죽 속 손바닥은 누가 더 뜨거울까. 반죽으로 들어간 소음들. 흠집 난 빵들을 버린 어젯밤. 쓰레기통을 뒤지는 유기견들의 혓바닥을 어떻게 이해해야 할까

손님이 뜸할 때마다 서랍 속 거울을 들여다보는 점원. 조심조심 서랍으로 들어가 안에서 문을 잠근다. 어둠 속에서 어둠과 키스하는 상상. 공기 밀도는 높아지고 뺨은 발그레 뜨거워지고. 저기, 지금 뭐 하세요.
〈

누가 보면 진짜 사랑하는 줄 알겠어요. 그때, 문 열고 들어오는 누군가의 발소리. 마스크로 놀란 입을 감추는 점원.

참 이상해요. 빵을 고를 때 손님들은 왜 뺨을 눌러볼까요.
커피는 식어가고 크루아상은 굳어간다. 나는 창밖의 사람들을 구경한다. 사람들의 표정과 동작을 뜯어보고 있었는데

방금, 당신을 닮은 사람이 지나간다
아메리카노를 홀짝이며

해설

코끼리 나라의 아이 라임Eye Rhyme
- 이만영 시집 『코끼리와 행신동 맥도날드』의 도린곁에서

김영찬(시인)

종이비행기는 멀리 날아가지 않는다. 그것은 애당초 연료 없이 가볍게 날아갈 수 있는 근거리 비행을 목표로 설계된 비행체이기 때문이다. 하지만 종이비행기가 멀리 날아가지 않는 진짜 이유는, 그가 태어난 장소에 대한 애착 때문일 것이다.

종이비행기는 자신이 태어난 장소를 사랑한다. 고향에 대한 집착과 거기에 따른 소속감, 토포필리아topophilia라는 장소애場所愛가 장거리 비행을 막는 원인으로 작용했을 수도 있는 것이다. 하지만 섣불리 그렇게 예단하지는 말자.

종이로 꿈을 접은 이만영의 비행체, 종이비행기가 이륙하

여 새로운 기착지에서 이룩*achieving*하려는 목표는, 사막 한복판에 다가선 '웹툰 속의 도시'를 세우는 것. 거기서 '도착하지 않은 내일을 기다리는 것'. 그리고 아이스크림이 혀끝에 녹듯이 '일어날 수 있는 일이 일어난 것뿐'에 대한 가당치도 않은 이유를 덧붙여 충분한 비행 공간을 확보해 놓는 것 등이다. 그러고는 정작 그게 뭐 그리 중요하냐는 듯 시치미를 뚝 떼는 시인. 이런 식의 익살과 위트, 농담할 여유가 누구한테나 허용되는 건 아니다. 사석에서 이만영 시인은 농담을 그리 즐기는 편은 아닌 성격이다. 하지만 그의 붓끝에서 흘러나오는 유머는 능청스러울 정도로 유장하고도 유연하다. 이런 특징에 주목하며 그의 시를 들여다보자.

> 사막 한복판에 빌딩을 세우고 호수를 파고 섬을 만들고
> 새 표정을 이룩하려는 사람들
>
> 꿈은 정반대로 돌아가고
> 웹툰 속 내일은 아직 도착하지 않았다
>
> 네모난 모자를 벗으니 땡볕이었다
> ―「아이스크림이 만든 웹툰」 일부

인용된 시, 「아이스크림이 만든 웹툰」의 종결은 "나를// 뜨겁고 달콤하게 해줘// 지구 한구석 어디선가/ 혓바닥이 녹고 있다"로 끝난다. 여기서 나는 불현듯 아토포스*atopos*라는 단어를 떠올리게 된다. 이 심오한 단어가 주는 완강한 자극을 나는 그냥 지나칠 수가 없다. 이렇게 예민해지는 데는 그만한 이유가 있고 이에 대한 언급이 필요한 것이다.

　이만영 첫 시집의 표제 『코끼리와 행신동 맥도날드』만 갖고 유추하자면, 이 시집은 토포스*topos*를 넘어서 우리가 닿을 수 없는 세상, 아토포스에 대한 갈등이 주요 화두로 다뤄질 것만 같았다.
　토포스란 행위가 일어나는 장소, 사건이 발생하고 전개되는 곳이다. 사건은 곧 테제*These*로써 담론이 되고 주제*subject*가 되어 개인사에 귀착되는 장소성을 갖는다.
　그렇다면 이만영 시인에게 '행신동'은 어떤 장소이기에 시집의 표제 『코끼리와 행신동 맥도날드』 안에는 「행신동 맥도날드 1」에 이어 「행신동 맥도날드 2」까지 두 편의 '행신동' 이외에도 또 다른 행신동이 어른거리는가.
　맥도날드라는 간편하게 먹을 수 있는 패스트푸드가 있거나 있을 수밖에 없는 거기 '행신동'에는 자본주의의 클리셰라고 할 호모토피아*homotopia*(일탈이 불가한 상투적 생활공간)에서 떨어져나온 별다른 세상, 미셸 푸코가 역설하는 헤테로토피아*heterotopia*(나만을 위한 현실 속의 유쾌한 공간)가 따로 마련돼 있다는 것일까.

   헤테로토피아, 그곳은 우주의 고정된 질서 코스모스가 해제된 곳, 일상적인 초조와 불안, 긴장감이 제거된 곳이어서 정신적 자유가 보장되는 곳. 상상 속의 유토피아가 아닌 현실 속에 실재하는 지상의 쾌렌시아 같은 곳이다.

>봄을 모르는 사람끼리 모여서
>봄도 모르는 아침을 먹는다
>
>누군가
>'여름'을 주문한다
>
>누군가 아이스아메리카노 얼음을 깨물어 먹는다
>
>머그컵 속의 시간은 노랗게 지글거리고
>오븐에서 나온 아침은
>부풀어 오른다

〈

두 개의 풍경 사이에서 창밖을 지나는 구름은 마른침을 삼키고

옆 테이블에선 습관처럼 말풍선이 터진다

하얀 거품의 무인도에 상륙한

브런치 식탁

죽어 묻히게 될 8부 능선 아래에는 헛무덤이 보이고

그 아래 골짜기에는 등고선이 낮은 크루아상과

곁들여 소복 차림의 아이스크림

액정 속 창문을 걸어 잠근 '금방'이란 구름이 '나중'이라는

핫소스에 혀를 톡 쏘이고

  ―「행신동 맥도날드 2」 전문

  나는 아토포스라는 단어를 그냥 지나칠 수 없다고 말했었다. 희랍어 부정어간 'a'가 앞에 붙어 a-topos로 장소가 아닌 비장소, 곧 장소 없음, 도달할 곳 없음을 의미하는 단어.

  장소가 없다는 것은 자리를 벗어난 상태. 어디에도 적용될

수 없음을 뜻하지만 아토포스가 '부적합함'만을 지칭하는 건 아니다. 그것은 '기존 질서에 낯섦'을 빗댄 표현으로써 '이해할 수 없고 도달할 수조차 없으나 언제나 그곳을 향하게 되는 이데아의 거처'로써 매력적인 것(곳), 어떤 범주로도 분류되지 않는 타자성을 지닌 상태(장소/존재)를 의미한다.

"봄을 모르는 사람끼리 모여서/ 봄도 모르는 아침을 먹는다// 누군가/ '여름'을 주문한다"는 여기는 지금 '봄'이 없는 자리이다. 여름을 주문했지만, 여름이 들어설 것 같지는 않은 상황에서 화자는 머그잔 속의 시간이 노랗게 지글거리는 것을 목도한다. 아토포스라는 어휘가 사랑의 영역에 적용될 경우, 그것은 "어디에도 비견할 수 없는, 설명 불가한 위치(존재/연인)"로까지 비화하는 깊은 은유를 담는다. 하지만, 아토포스를 장소의 영역으로만 한정할 경우는, 고향이 없거나 고향을 잃은 '장소 부재감' 즉 어디에도 귀속되지 않는 No where로 귀착된다. 그 반대쪽으로 열망이 주어지면, No where는 역설적으로 Every where로 치환되어 어디에나 산재하는 고향으로 되돌려질 수도 있는 단어, 그것이 바로 아토포스의 변신이다. 그러므로 아토포스라는 이 미묘하고도 거창한 낱말은 "비교할 수 없음", "영원히 도착하지 않을 정신적 고향을 향하는 불가능한 열망의 처소"라 할 것이다.

이것은 곧 이만영 시인이 갈등 속에서 바라다본 엄정한 세계의 모습이자 현실의 실상이지만 그런 것들이 그의 붓끝에서 애증을 뚫고 풀려나올 때 그의 시는 대부분 정화된 상태로 차분히 토포필리아를 꽃피우는 양상으로 나타난다고 할 것이다.

나는
코끼리 구름 공장의 알바생

코끼리하고는 상관없는 히비스커스의 꽃말을 좋아하지

내 주 업무는 떠도는 구름을 생포하는 일
하늘을 구석구석 뒤지고 다니지

코끼리들에게 줄 수 있는 최고의 선물은
눈부신 아침의 뭉게구름 한 조각이거나 외곽이 무뎌진
양털구름 한 접시

커다란 귀로 구름의 엉덩이를 철썩 때리고 지나가는

코끼리 코는

Co Co Co 핑크색이지

하지만 포충망이나 투망을 위한 그물조차 없는 코끼리들은

뒤처진 구름의 불행을 오려두거나 스크랩해서

콧등에 붙이고 다니지

나는 금방 생포한 핑크빛 높새구름 한 자락을

네게 안겨주고 싶어

허벅지에 올려놓으면 휘핑크림처럼 녹아내리는 시간이

분홍빛으로 흐를 거야

석양 무렵 구름이 버리고 간 메시지를 코끼리들은

뭐라고 해석해야 할까

바람에 뿌리 뽑힐 듯 쿡쿡 찔러대는

높새구름 같은 얘기들

Co Co,

코 고는 소리로 들리겠지

― 「코끼리 코는 Co―Co」 전문

이만영의 첫 시집 『코끼리와 행신동 맥도날드』는 세심하게 조탁을 거친 역작들의 행렬이다. 시집 제목만 봐서는 코끼리라는 거대담론*grand récits*이 행신동이라는 특정 자본주의 속에 들어와 시종일관 소담론*petits récits*으로 연계될 듯싶었다. 다시 말하면, 행신동이라는 생활현장에 파고든 맥도날드를 표상으로 앙가주망적 소담론이 집요하게 반복될 성싶었다. 하지만 그런 의구심은 기우에 그친다. 시집 전체를 아우르는 기류는 경쾌하고도 안온하며 포스트모던한 문체에 산뜻한 유머가 곳곳에 아포리즘의 파노라마를 연출한다.

그렇잖은가. 이만영에게서 코끼리의 코는 먹이를 취하고 운반하기 위한 생래적生來的 기능을 떠난 지 오래다. 그 코를 가진 코끼리는 히비스커스 꽃말을 좋아하는 '코끼리 구름 공장의 알바생'인 나, 화자와 소통하는 코끼리, 화자가 맘대로 희화화戱畵化한 코끼리의 아이콘일 따름이다.

맥도날드 햄버거 가게가 반드시 있어야 하는 행신동, 거기 행신동의 코끼리는 "포충망이나 투망을 위한 그물조차 없는 코끼리들"이다. 다시 말해서 행신동의 코끼리들은 먹이를 찾아 초원을 헤매는 굶주린 코끼리가 아니라 "뒤처진 구름의 불행을 오려두거나 스크랩해서/ 콧등에 붙이고 다니"는 사바나의 구름 속 코끼리일 뿐이다. 그것은 이만영이 시인으로서 꿈꾸는 세상, 헤테로토피아의 참모습, 생태계의 먹이사슬에 주눅 들지 않고도 살아갈 수 있는 꿈같은 세상을 의미한다. 바로 거기 그 장소에서 "나는 금방 생포한 핑크빛 높새구름 한 자락을/ 네게 안겨주고 싶어"서 시를 쓰는 것이며 "허벅지에 올려놓으면 휘핑크림처럼 녹아내리는 시간이/ 분홍빛으로 흐를 거"라는 희망에 젖어 행신동의 코끼리는 행신동을 사바나로 알고 발걸음 경쾌하게 걷는 것이다.

이 시집에서 주의를 끄는 또 다른 측면은 잔잔한 경음악이 흐르는 서정적 배경에 소스라치게 놀라운 전위성, 저돌적인 아방가르드 정신이 심심찮게 돌출한다는 사실이다.

편안한 리듬의 서정적 기조, 거기에 갑자기 전투적이라 할 아포리아*aporia*의 비문이 튀어나올 때, 정신을 화들짝 일깨우는 소스라침에 우리는 실눈을 크게 뜬다.

이는 이만영이 자주 쓰는 아포리즘*aphorism* 장치에 활력을 불어넣는 역할로 기능한다는 점에서 대단히 고무적이다.

갑자기 키스하고

여름 장마의 시작
불꽃 튀는 번개와 성급한 천둥을 데리고
떠나버릴 방법 어디 없을까

미안해
어젯밤 보낸 문자 메시지엔 느낌표가 너무 많았지
　　　　　　　　　　　　　─「핫 크리스마스의 여름」 일부

　이처럼 깔끔한 문체에 엽기적인 형용, 빼어난 포스트모더니즘의 아포리아를 부려놓고도 능청스러운 태연함. 이만영은 붓으로 농간을 부릴 줄 아는 시인이다. 그의 수사법은 우발적이지만 친화력이 강한 위트를 지녔다. 쉽고도 편한 문장으로 호흡이 잘 풀리는 작품이 시집 곳곳에 부지기수로 포진하고 있다는 사실, 더 읽어보면 알게 된다.

　태양을 오려낸 색종이

　창문 블라인드 틈으로 하루치의 햇살이 약국 간판을

잠깐 오려 붙인다

한 번도 반성해 본 적 없는 손가락
고개 숙인 사람들

김다영 약사가 빙긋이 웃고 나는
나에게 처방전을 쓴다

물고기처럼 익사하지 않는
약을 줄까요, 혹은
날개 달린 겨드랑이를 처방할까요

암울한 목구멍에 알약을 털어 넣는다

되살아나지 않는 목소리와 입꼬리마다
무뎌지는 이름들

상비약으로
촘촘한 일상이 오와 열을 맞춘다
〈

바이러스가 창궐하는 바깥에는

같은 뉴스, 같은 처방만 되풀이될 뿐

김다영 약사가 옥외 간판 불을 끈다

새들이

가벼워지는 연습을 한다

― 시, 「김다영 약사가 웃는다」 전문

 이만영은 누구 못지않게 노력하는 시인이다. 매사에 신중한 그는 아주 침착한 절차탁마를 거쳐 이렇게 다채로운 포에지를 완성도 높게 쏟아냈다. 폭넓게 끌어안는 다양한 소재들. 처음엔 단순 순정한 서정시인으로 출발했던 이만영 시인, 그는 성실하게 수사법을 익히고 문장을 다듬어서 이처럼 완성도 높은 가작들로 첫 시집을 엮은 것이다.

 시집 전체에 흘러넘치는 발랄한 기운들.

 '새들이 가벼워지는 연습을 한다'라는 행신동에는 그런데 과연 '태양을 오려낸 색종이'가 블라인드 틈새로 넘나드는 약국이 있을까. 아마도 그 약국엔 한창 젊고 유능할 법한 김다영 약사가 "물고기처럼 익사하지 않는 약"을 처방해 줄 수도 있을 것 같다. 아니면 "날개 달린 겨드랑이를 처방할까"도 의문인데, 그런데 이처럼 이상한 처방을 내리는 사람은 정작 김다영 약사가 아니라 다름 아닌 이만영 시인, 자기 자신이라는 언어도단에 이르러 잠깐 혼란이 온다.

하지만 에포케! 판단을 멈추고 발상을 전환하면 아니 될 일이 없다. 특히 우리들의 포에지*poesy*(시심*poesie*) 천국에서는 김다영 약사가 처방전 대신 포에트리*poetry*의 깃발을 들고 아무 데서나 처방을 내려도 상관없는 것이다.

좋은 시는, 큰 틀의 흔들림이 없이 완결될 듯하다가 불쑥 흐름을 멈추고 전략적인 펀*pun*으로 예기치 않은 슬램*slam*(강타)을 가할 때 박진감 넘치는 매력이 더해진다. 이만영은 가끔 아니 비교적 자주 신묘한 서사력을 재치 있게 동원한다.

눈 감고 웃었어
코끼리 베개 너머 너를 루루라 부를게

여름에서 봄으로 건너가는 침대
유난히 짧아 보이는 코끼리의 초원
〈

무리에서 이탈은 크나큰 모험이란 거 알고 있나?

가끔 상아에서 화약 냄새가 나
잠을 잃어버린 겨울의 초원, 사랑이란 천적들

상처 난 얼굴로
루루와 밤새 초원을 누비고 다닌다

초원의 커다란 소파에서 놀고 있는 루루의 친구
분홍색 슈슈를 보았어

슈슈는 곧 돋아날 날개를 기다리고 있지
풀만 먹고도 자라날 수 있는 몸을 신기해하면서

어제는 루루와 늦잠을 잤고 오늘은
슈슈를 햇빛에 널어둬야지

나는 초원이 그려진 셔츠를 입고 가끔
거울을 본다
〈

이렇게 멋진 초원의 품을 쓰다듬어 본 적 있어?

루루가

고개를 저으며 웃는다

—「루루에게 1」 전문

우리가 말하는 서정시란 '인간 감정의 근본이라 할 서정적 기조'에 현악기의 가녀린 선율이 배음으로 낮게 깔리는 은은함을 기본 틀로 삼는다. 그러나 이만영의 서정시는 그리 게으르게 밋밋한 서정으로만 끝나지는 않는다. 안온한 현악기 탄주의 행간에 불쑥 금관악기의 폭발음, 그것은 곧 반전 효과를 노린 것일 테다. 관현악곡의 멜로디가 안단테로 나른하게 흐르는 중에 관악기의 엄호를 받은 타악기의 저돌적인 출현, 이 악절의 이 지점이 바로 전위前衛, 아방가르드가 들어설 자리이다. 이만영은 이 지점을 현명하게 포착, 정확하게 봉합한다.

코끼리 베개 너머 너를 루루라 부를게.

여름에서 봄으로 건너가는 침대
유난히 짧아 보이는 코끼리의 초원

이만영 시인, 그는 명문 미술대학교에서 시각디자인을 전공한 예술가이다. 그렇지만 정작 그의 작품은 시각 운율sight rhyme 쪽보다는 음악적 운율 장치에 훨씬 더 재능을 발휘하는 편이라고 말한다면 어긋난 결례인가.

그렇지 않다. 추상미술의 미학적 토대를 완성한 근대미술의 선구자, 바실리 칸딘스키Wassily Kandinsky의 경우를 보자.

그는 캔버스 안에서 공감각synesthesia을 불러일으키는 공감각 실험synesthesia test에 그다지도 열을 올리지 않았던가. 위대한 화가 칸딘스키, 그는 색채를 볼 때 소리로 듣고, 소리를 들을 때는 색깔로 보는 엽기적인 감각이 발달한 특이한 천재였다.

영적 세계로 흘러드는 정신적 리듬이 모든 색채에 스며 있다는 확고한 신념에 그는 그림 속의 선과 점, 구도와 색채에 특별한 리듬감, 즉 프로조디prosodie를 구성하는 추상화에 몰두한 최고의 예술가였던 것.

비 오니까

네 생각난다고 쓴다

비 쏟아지니

우수수 솟아오르는 물고기의 뒷덜미

네 생각이 은빛 비늘처럼 돋아난다

창밖에 미끄러지는 비
유리창에 물고기를 그리고
너도 내 생각하느냐고 지느러미처럼 물어본다

아니 묻지 않는다

―「창밖의 거짓말」 전반부 일부

다시 말하지만, 이만영 시인은 서정을 기반으로 뛰어난 포스트모더니즘을 구현하는 시인이다. 예의 시, 「창밖의 거짓말」과 「루루에게 1」를 비롯하여 앞서 인용한 많은 작품에서 보듯이 그의 시는 리듬감이 매우 좋다. 셰익스피어와 바이런이 즐겼다는 아이앰빅 리듬*iambic rhythm*을 차용한 것도 아닌데 이처럼 부드럽다.

"비 쏟아지니/ 우수수 솟아오르는 물고기 뒷덜미// 네 생각이 은빛 비늘처럼 돋아난다"에서 흘러나오는 돌올突兀한 공감각 효과가 그것이다. 그 이유는 이 작품의 토대를 이루는 서정적 리듬이 매우 안정된 문맥을 이끌어가고 있기 때문.

소문은 희다

심장은 미끄러운 은빛
타인의 입으로 둘러싸여 뛰놀고

나와 당신 사이 뒤섞인 말들
네 개의 서로 다른 지느러미로 흐느적거린다
  ―「은어」의 전반부 일부

 미술에 있어서 회화성과 음악성을 규합하는 공감각 효과를 탐색하기 위한 칸딘스키의 공감각실험은 시작법에서 아이라임*Eye Rhyme*(시각운율)의 시각적 효과 못지않게 중요한 팩트*fact*이다. 예의 칸딘스키의 색채 실험은 그런 맥락에서 다시 한번 주목해 볼 필요가 있는 것이다.
 아이앰빅 리듬*Iambic Rhythm*(약강격 운율)으로 일정하게 안정된 흐름을 유지할 것만 같던 이만영의 시. 서정의 이슬로 옷깃 흠뻑 적실 것만 같았던 그의 시는 그러나 그가 코끼리를 만나면서 앵글의 각도가 크게 달라졌다. 이만영 시인을 누구

보다도 잘 아는 나는 말한다.

    시의 행간에 사바나의 코끼리를 불러들이면서 그의 시는 비약적인 대전환, 포스트모더니즘의 카메라 앵글을 갖추게 되었다고.

    여우가 울고 싶은 시간이 언제라고 했나요?

    볕은 있는데 비가 내리는
    이런 날 우산을 쓰기도 쓰지 않기도
    뺨은 간지럽다

    새들은 물방울로 장식된 허공을 읽어요
    문장이 되어 반짝이는
    녹색의 부리로 뱉어낼 것들

    한번도 흘러가 본 적 없는 구름을 찍어내며
    시들지 않을 시간이라고 말해줘요

    비와 비가 부딪치고
    녹색의 부리가 떠내려가 거리는 혓바닥으로 흥건해요

〈

두 팔을 뒤로 펼치고 날아가는 화살은

나뭇잎의 앞구르기를 흉내 내고

쌓인 빛 위로 축축한 빛 무더기가 쌓이고

빛의 입자로 얼굴을 씻으며 굴러갑니다

울음 따위는 더 없을 테니까요

꼬리에 꼬리를 밟을수록 부드러워요

수명은 반죽 같아요

제 무게를 견디지 못하고 지워지는 발자국도

더 늘어나지 못하고

발가락이 가장 뜨거워지는 시간이 언제라고 했나요?

귓바퀴에 불이 켜지는 순간

여우는

꼬리를 감추고 오후 2시를 횡단 중입니다

ー「여우비」전문

"발가락이 가장 뜨거워지는 시간이 언제라고 했나요?/ 귓바퀴에 불이 켜지는 순간// 여우는/ 꼬리를 감추고 오후 2시를 횡단 중"이라고 익살맞은 의인화로 재미있게 능청을 부린 시, 「여우비」를 읽으며 어떤 느낌을 얻게 되는가.

이만영의 시는 스펙트럼이 넓고 다채롭다. 소재가 다양하다는 것은 그만큼 창작에 대한 열의와 집중력이 대단하다는 증거. 지극한 노력 끝에 얻어진 결과로 첫 시집 『코끼리와 행신동 맥도날드』는 이처럼 경이롭다.

그의 시의 주류는, 탄탄한 서정적 기반에 모던한 메타시의 전형을 다지는 것이지만, 미래파 시인들 못지않게 활달한 아포리아로 빛나는 아포리즘에 기반한 언어유희가 독자들을 놀라게 한다. 예컨대 그가 즐겨 쓰는 메타시*meta poetry*는 근본적으로 펀*pun*에 의한 일종의 실험시에 속한다. 하지만 그 바탕에 깔린 충실한 서정성 덕분에 경쾌한 포스트모더니즘의 색채를 띤 모던 포에트리*modern poetry*로 독자의 이마를 서늘하게 적신다.

> 당신은 오지 않고
> 〈

커피와 크루아상을 주문하려던 손은 멈춰 있다. 점원은 갓 구운 빵을 포장하여 진열대에 진열한다. 빵을 포장할 때 두 뺨이 함께 포장될 때도 있다.

움직일 때마다 발목이 흘러내린다. 신입생 같은 이 빵들을 어떻게 훈련 시켜야 좋을까. 눈과 귀를 반대로 진열해 볼까. 견고해지는 시선마다 문을 열어볼까. 누가 버리고 간 시간일까. 귓바퀴로 토끼를 만진다. 귓바퀴는 나를 만지는 중일까. 만일 귀가 없었다면 마스크는 어떻게 써야 좋을까.

화덕 속 발바닥과 반죽 속 손바닥은 누가 더 뜨거울까. 반죽으로 들어간 소음들. 흠집 난 빵들을 버린 어젯밤. 쓰레기통을 뒤지는 유기견들의 혓바닥을 어떻게 이해해야 할까

손님이 뜸할 때마다 서랍 속 거울을 들여다보는 점원. 조심조심 서랍으로 들어가 안에서 문을 잠근다. 어둠 속에서 어둠과 키스하는 상상. 공기 밀도는 높아지고 뺨은 발그레 뜨거워지고. 저기, 지금 뭐 하세요.

누가 보면 진짜 사랑하는 줄 알겠어요. 그때, 문 열고 들

어오는 누군가의 발소리, 마스크로 놀란 입을 감추는 점원

참 이상해요. 빵을 고를 때 손님들은 왜 뺨을 눌러볼까요.
커피는 식어가고 크루아상은 굳어간다. 나는 창밖의 사
람들을 구경한다. 사람들의 표정과 동작을 뜯어보고 있었
는데

방금, 당신을 닮은 사람이 지나간다
아메리카노를 홀짝이며

― 「아메리카노」 전문

이만영의 시 중에서 비교적 호흡이 긴 시, 「아메리카노」는 게슈텔을 패러디한 것이다. 게슈텔*Gestell*, 하이데거가 신경질적으로 목청 높여 설파한 개떡 같은 단어, 바로 그 게슈텔(생산 목적의 틀, 장치). 인간이 인간답게, 사물이 사물답게 존재의 본질을 드러내고 자연스러워야 하는데 빌어먹을 테크네(techne, 기술)라는 것이 생겨나서 개똥 같은 그 기술이 나날이 발전하면 할수록 인간존재는 은폐되고 사물의 본질은 흐려진다.

그렇다면 인간존재의 본질을 어떻게 하면 본래대로 환원시

킬 수 있는가. 그것은 시적인 삶, poetic dwelling을 영유할 때 비로소 가능하다. 시적*poetic*인 삶이란 아리스토텔레스가 말하는 포이에시스*poiesis*(만들기, 시창작/드러냄, 제작)이다. 마르틴 하이데거는 인간이 인간 본연의 목적을 상실한 채 특정한 목표를 위해서 일하는 일꾼(생산을 위한 기계처럼)으로 전락 돼 인간 도구가 된 것(게슈텔)을 개탄한다. 이런 비인간화를 극복하자면 기계처럼 목적을 위해서만 존재할 것이 아니라 시적詩的인 자유와 낭만을 구가하는 삶, 자유인으로서 자유를 안고 거듭나야 한다는 얘기이다.

강조하자면, 어쩔 수 없이 생산활동을 하며 살아야 하는 삶이되, 자신이 좋아하는 것을 즐기며 기술(테크네)을 생산활동을 돕는 편리한 도구로만 이용하여 가능한 한 더 많은 자유를 끌어안고 poetic한 삶을 향유해야 된다는 것이다.

이런 시각으로 볼 때, 빵집에서 빵을 굽는 과정 하나에서도 존재의 양상을 유희처럼(노동이 아니라) 즐겁게 드러내는 이만영의 빵집 풍경은 매우 탈脫게슈텔적이다. 자세히 들여다보라. 빵집 안에서 일어나는 소소하지만 훈훈한 존재들의 속삭임을. 제각기 자기 방식대로 살아가고 있는 존재 형식이 처연하게 아름답지 않은가. 비록 "손님이 뜸할 때마다 서랍 속 거울을 들여다보는 점원"이 그러는 것처럼 때로는 "조심조심 서랍으로 들어가 안에서 문을 잠근다." 그리고 "어둠 속에서 어둠과 키스하는 상상. 공기 밀도는 높아지고 뺨은 발그레 뜨거워지고." 이런 풍경들이야말로 진지한 삶의 은성한 리얼리티를 살갑게 드러내는 현장 이야기이다. 인간을 포함, 사물을 이용 가능한 자원 게슈텔(틀, 장치)으로만 인식해 온 현대인들. 이제부터 우리는 빨리 만들어야 한다고 닦달할 것이 아니라, 게슈텔에 의한 테크네를 전환적으로 생각, 인간이 기술에 종속되지 않고 인간 본연의 자세로 돌아가 언제나 시심을 담고 살아야 한다는 것을 자각해야 하는 것이다.

애인과 말다툼하던 날

하늘은 노랬고
장미는 검붉게 펄럭였지

집에 오자마자
짐승처럼 소파에 엎어진다

무채색 뺨이라면
감추기 더 좋았을 텐데

〈

흔들리는 배의 고동 소리

파도 같은 표정을 접은 뺨과 뺨

멀미 난 영혼

이미 줄을 놓아버렸는데

잠 밑에 눌려 있던 악어 같은 스프링

언제든 내 옆구리를 물어뜯으려

으르렁거렸지

소파는

애인과 헤어지든 다시 만나든

상관없이

나의 빈 가슴을 힘껏 안아주고

엉덩이를 맞대고 앉아

눈 빨개지도록 울어도 소파는

거울 속 구겨진 나를 꺼내

화해를 청한다

〈

내일은 낡은 소파를 꼭 버려야지

　　또

　　결심하는 밤

　　　　　　　　　—「애인과 소파」 전문

　포스트모더니즘이 추구하는 특징 중에 또 하나는, 거대한 역사의 흐름에 순응하여 일률적으로 따라가는 방향성, 거대 중심주의에 쏠리는 절대적 거대담론을 비틀어 해체하고 그 대신 지극히 사소하고도 소소한 소서사小徐事 소담론을 중요시 다루자는 것이다.

　탈 중심주의의 맥락과 상통하는 이 주장은 지금까지 거대 담론이 지배해온 역사의 흐름을 무시하거나 빗겨나서 지극히 개별적이고도 개인적인 사건에 주의를 기울여보자는 취지에서 나왔다. 소소한 개별 사건에도 중요한 가치를 부여하자는 자상하고도 친절한 시각이다. 그야말로 포스트모더니즘이 안고 가는 아름다운 지점이 아닐 수 없는 이론이다. 그런 의미에서 이만영의 시,「애인과 소파」는 〈드러낼 가치가 별로 없는 사적인 사건〉이지만 중요한 관심사로 나눠 가져도 될 사안으로 전향적 사고를 가능케 하는 시로 읽힌다.

또 다른 맥락에서 "입술로 입술을 열자 계절이 뒤바뀐다"는 이만영의 시 세계. 사바나의 태양 빛이 입속의 롤리팝만큼이나 새콤달콤 섹시하게 생명력을 발휘하는 시를 한번 음미해 보자.

은반 위로 쏟아지는 후렴
꽃다발과 인형과 무지개를 주워 담으며

눈 뜨면 나무가 되고 눈감으면
나를 휘감아버리는 나뭇잎 같은 당신

표류하던 회오리바람은 대체 어디로 사라졌을까

돌아가는 빙판 위에서 당신은 빙글빙글
아이스크림을 핥고

아무에게도 보인 적 없는 눈빛으로
아무에게나 말 걸고 싶은 혀

회오리바람 앞에 당신은 뜨거운 뺨

〈

예민한 눈빛과 날카로운 혓바닥으로 녹일 수 없는 건
아무것도 없는데

잎사귀 닮은 입술에서 고음이 새어 나온다
색깔이 욕망을 노래하는

롤리 롤리팝

범람하는 꽃이었다가, 어둠의 조각이었다가, 절정의 오
로라였다가,

입술로 입술을 열자 계절이 뒤바뀌는
팽이들,

팽이는 멈출 수 없어 좋았다
빛나는 무늬들
당신은 어느 은반 위에서 아직도 맴돌고 있나

―「롤리 롤리팝」 전문

끝으로 "자연의 기본은 무질서無秩序와 우연偶然이다."라는 말에 방점 찍어 그 뜻을 새겨보자. 왜냐하면, "시는 무질서 *disorder*를 질서order화 하는 과정"이라는 말도 있기 때문이다.

자연自然이란 근본적으로 다듬어지지 않은 무질서 그 자체이다. 이만영 시인이 피력하는 코끼리에 대한 담론은 그러므로 극명하다. 그것은 질서를 갖추지 않은 사바나 코끼리의 세계, 그 원형 그대로의 야생적 무질서를 어떻게 하면 비정형의 사유조차 물길처럼 다스려지는 장소로 옮겨가 함께 공존할 수 있느냐 하는 것이다. 말하자면 아무 제한도 마찰도 없이 사바나와 행신동의 문법을 착하게 아우를 수 있는 공간으로 재구성할 수 있느냐 하는 문제의식이 그것이다.

이만영이 꿈꾸는 거기는 순한 호흡으로 자연의 질서를 수습하며 현대문명을 거부하기보다는 현대문명을 함께 보듬어 융합할 수 있는 곳, 거기가 행신동이어도 상관은 없지 않으냐, 라는 의문을 품고 이 시집 『코끼리와 행신동 맥도날드』를 읽어야 한다.

왜냐하면, '시는 무질서*disorder*를 질서order화하는 과정'이라는 말을 뒤집어 〈시는, 질서를 무질서의 영역으로까지 확장해야 할 의무를 지니고 태어나기 때문〉이다.